文學叢刊之四十五

誰能買下這條天地線

羅門 著

文史哲出版社印行

國立中央圖書館出版品預行編目資料

誰能買下這條天地線／羅門著.--初版.--臺
北市：文史哲，民 82
面；　公分,--（文學叢刊；45）
ISBN 957-547-833-7（平裝）

851.486　　82009600

㊺ 文學叢刊

誰能買下這條天地線

著者：羅門
出版者：文史哲出版社
登記證字號：行政院新聞局局版臺業字五三三七號
發行人：彭正雄
發行所：文史哲出版社
印刷者：文史哲出版社
臺北市羅斯福路一段七十二巷四號
郵撥〇五一二八八一二彭正雄帳戶
電話：三五一一〇二八

定價新台幣二六〇元

中華民國八十二年十二月初版

ISBN 957-547-833-7

序

羅門

值這新詩集的出版，總要說一些話，寫了近四十年的詩，爲什麼還要寫下去？如果一定要我回答，我只能說「爲什麼我還要活下去？」的確，離開詩，等於離開我自己，整個人會空掉。對我而言，詩是傳達我內在眞實生命存在最好的線索；也是維護一切在美好狀態中存在的最佳力量。記得我曾一再說過，世界上最可悲的人，是沒有能力維護自己眞實的生命，而將之解體，變爲現實框架中有限存在的材料；但詩能幫助我們在覺醒中，抗拒與糾正這種現象。

的確，在四十年來，透過詩與藝術對生命進行探索中，我除了發現詩已是一切完美事物的鏡子；同時也體認只有詩能將一切推上「美」的顚峯世界；能把「自然的生命」、「藝術的生命」與「道德的生命」三者在其無限超越與昇華的思想感通力與慧悟中，統合爲一體的存在，而使人類與宇宙萬物的生命，獲得確實的具有完美性與永恒性的存在。

由此也可見詩絕非只是文字符號的遊戲，而同時是引起人對「生命」存在產生高層次的思考感悟與覺醒；

是故，詩人必須寫出「詩的思想」與同時寫出「思想的詩」的詩，也就是寫出詩的具有藝術性與同時寫出對人類與宇宙生命具有深廣度思想與慧悟的詩，否則都將使詩造成傷害，若只寫前者，難免偏入爲藝術而藝術的單向窄道，形成文字高級要巧的遊戲，降低到次級的創作層次；相對的，若只寫後者，雖保持詩與文學不能不重視的思想性，但詩畢竟不能被思想役用，成爲文而道的工具，使詩的自主性受到傷害。所以詩是必須同時使「藝術性」與「思想性」溶合成爲對內心引發美感的「整體性」的爆發力。在這爆發力所形成感悟與無限超越昇華的精神與思想重力場裏，詩的最後的大奇蹟，便自然在無形中呈現——那就是由「重力場」舒放出人類內心中的良知良能與高度的智慧，保護住人性與生命存在的原本性、眞純性、甚至接近完美性與永恒性。此刻，難怪有人曾把詩人（眞正的詩人，不是只要文字技巧）指稱爲上帝的代言人與人世間的最高執法者。

說到此，使我們不能不確認眞正的詩人是的確而且應該在做人上盡力堅守原則、有是非感、正義感、維護眞理。否則還做什麼詩人、作家與文人呢？我反對有人主張人品與詩品可以分開的論調，寫詩歸寫詩，作人歸作人，甚至可以不遵守原則、以及顚倒是非，不擇手段，……如果那樣，豈不比「政客」更卑劣與敗德嗎？尤其是在後現代，目前社會在泛方向感與價值觀紊亂的情形下，呈現危機狀態，身爲詩人作家與文人，首先應該有道德勇氣阻止是非不明、唯利是圖、沒有原則、勢利、鄉愿、市儈乃至侏儒……等不良社會風氣與生命形象的存在。

至於詩如何寫與突破，大家都一再討論，其實是個老問題，也非常簡單。譬如如何寫，若先把「主義」兩字拿掉，詩便的確是一直使用「老祖宗」所用過的「意象」、「象徵」、「超現實」以及「白描（含有暗示性）等公用手法。因爲詩必須永遠靠「暗示」的以「小」說「大」以「有限」說「無限」來維持詩本身的生命。接下來是這些方法，在不同的存在與變化的生存環境，勢必有所調整，指使詩創作呈現新的適應性、前衞性、新創性乃至語言與思考新的活動空間與形態以及作品採取新的包裝。但這種向新境所做的突破，仍應是在「演變」與「演化」中進行的，而我則更重視自由開放的多面性多向度的藝術表現理念。

事實上，我仍比較贊同這樣的看法，如果詩與藝術的創作世界像一廣濶的「海」，則「海」在不同的年月季節以及晨、暮、陰、晴、風、雨等氣候，形成不同的時空狀態下，所呈現的景象當然是千變萬化的，所顯現出創作的形態與心境也是變化多端、不可限量的。但是「海」無論怎麼變，最後絕不能變成不是「海」；而變成湖、變成游泳池或甚至變成溝在溝裏翻船的怪事。所以詩與藝術創作，無論在過程中，如何呈現出變化與突破的新態，絕不能失去它無形的「主體性」。這主體性，便是作品精神思想具有深廣度的內涵力，能確實進入人類內在生命的深層世界，引起感動；並體認「前進中的永恒」的存在感已是詩與藝術符號背後所一直努力要觸及與企圖臻至的高層精神境界。否則，怎會有人將詩與藝術看成宗教的信仰，甚到將整個生命投進去。

如此看來，對於所謂現代、後現代、以及未來的後後現代，那都只是詩人與藝術家同存在與變化的階段性時空不斷進行對話的對象，於接觸中，難免有新的感應，新的思考角度與藝術表現上的新異性。但這種種，都終歸要具有繼續向未來存在的可能。否則，新只新於一時，當「時過境遷」，也不過是一陣風吧了。可見在創新中，思想與心境所潛藏的深厚而強大的實力，能一直保持着對生命的永久感動與啓迪，應是更爲重要。這也就是說，有深見的創作者，面對新的時空挑戰與任何阻力時，都應具有像網球手面對網前攔擊時，打出漂亮的「穿越球」或「高吊球」的能力。這樣方能使作品有繼續在未來時空中存在下去的可能，像杜甫李白的詩、莫扎特悲多芬的音樂，千百年以後，仍存在於「前進的永恒」世界中。

詩與藝術永遠是在美感中對「生命」思想的一門學問。離開眞實誠懇的生命，單憑智識與技巧，是不可能寫出感人至深的詩；甚至使詩患上冷感症。因此，我仍一直堅持詩與藝術的最佳形式，仍是爲「生命」而存在的。詩絕非只是一張講究形式美的包裝紙；或是智識的美麗拼圖。所以後現代，無論如何解構，絕不能把詩與藝術符號背後的「生命」抽離或變小。人類活着無論坐在那一張書桌或辦公桌上（就說它是賭桌吧）可以輸掉別些東西，但最後絕不能把「生命」輸掉。

人的終極價值，最後必是放在超越的詩境與神地的交會處去看；詩的最高意義，應是把人類帶到這一交會處，去把眞實的「生命」與世界指認出來。而「詩」在其超越與昇華的精神及慧悟的世界中，確具有這一美好的潛力，有待詩人去探索與開發。我也就這樣一直抱持這種認定，探索下去，讓詩的創作過程與我生命的過程，盡量的連在一起。

若有人問我詩與藝術最後的目的是什麼？對人類有什麼確實的價值與意義，那我認爲如果政治家所努力的是為人類生存世界建造一個合理完善的「硬體」；詩與藝術便是製作豐富美好的生命內容的「軟體」；同時詩與藝術在超越的精神作業中，最了解自由的眞義，並被認明是一種絕對的力量，能將人類徹底的從專制極權政治的籠子與都市機械過度文明的籠子等兩大籠子以及現實功利社會中大大小小的各種籠子中解救出來，重獲眞正自由、自覺、自主與具有美好的「人」的內容的生命，這是任何一個眞正的詩人與藝術家，在玩弄文字與符號遊戲過癮之後，所不能不特別關心與重視的，否則，詩與藝術同打球與下棋有什麼兩樣。

至於這本詩集，我仍是以抽象、象徵、超現實、新寫實與白描等含有暗示性的各種表現方法以及結構、立體、極簡等空間觀念，在詩中予以機動性與自由的運用，其中也有部分作品，採取後現代創作意念，並對後現生存環境與創作空間，有所質疑與批判。此外，像以往一樣，每本詩集照例有一首注重思想大幅面地展開的長詩。

最後便是特別感謝文史哲出版社彭正雄先生，在文化出版事業至爲困難的情形下，仍支持出版我的詩集。當然每出一本書，我都不能不感激與我相處近四十年的女詩人蓉子，她在現實生活中，給予我很大的安定力量，使我一直能專心的去從事詩的創作。

誰能買下這條天地線

目次

詩眼七視

環視　看不見範圍
注視　使一切穩住不動
凝視　焚化所有的焦點
窺視　點亮所有的奧秘
仰視　再也高不上去
俯視　讓整個世界
　　　跪拜下來
無視　從有看到無
　　　從無看到有

12　詩不見了

詩不見了

「詩」不見了　天也暗下來
世界到處找「眼睛」
只見廣告在推銷眼鏡

作者攝於美國大峽谷

作者與夫人蓉子合攝於美國大峽谷

大峽谷奏鳴曲

一

千萬座深淵在這裏沉落
　無數向下的↓↓↓
　　追着死亡
所有的石屋解體在石壁上
　都找不到原來的建築圖
　　萬徑人踪滅
大峽谷
你兩邊的建築與走道
是日月星辰雷電風雨
　千萬年營造的
岩壁打開的兩扇通天門

永遠開着
世界要來就來
要去就去

至於
惠特曼有沒有
駕着西部的蓬車來過（註一）
柳宗元有沒有
把寒江釣到這裏來（註二）
從不說話的蠻荒與孤寂
都不知道
天空也沒有人管
鳥帶着山水飛來
飛機帶着都市飛去
你是牽着鳥翅與機翅在飛的
那條線
飛到接近太陽出來的東方
另一條線

接着從萬里長城
　揮出來
帶着大自然的風景與
　起伏的歷史
　滿天飛
飛到鳥翅與機翅
　都飛不過去
另一條線
便從茫茫的天地間
　飄出來
　閒在那裏
這三條線　握在你手中
已是三條最長的鞭子
地球要凹到底
　凸到頂
　去到〇
都眞的是鞭長可及了

二

看天空與曠野寫下合同
你將無數剛柔的
　疊層與色面
建架入絢麗雄偉的型構
水墨流過
便是東方的山水畫
幾何圖形進來
便是西方的立體造型
如果流過谷底的科羅拉多河
　是弦線
裝在二胡與小提琴上
都一樣拉出最原始的
　音色
　音階
　與回響

世界便好看好聽的
拉在一起了
那裏來的東拉西扯
東吵西鬧
亂成一團
看不清聽不楚
到處是視覺強暴
聽覺強暴

三

大峽谷
你驚人的深度
帝國大廈與紐約商業大樓
聯手也摸不到底（註三）
下去是沒有階梯的沉靜
再威風的凱旋門
也無法從那奧秘中旋出來

長期的沉思默想
一塊塊靜觀的石面
　　　　都是鏡
凡是影像
都逃不掉
最奇異的
開始都是眼睛在說
後來是寧靜自己
　　　發出聲音
叫周圍空成山水畫中的
　　　　　留白
怎麼說　還不如不說

四

大峽谷
再大的地震
也未裂開這樣大的口

你白天銜住太陽
　晚上銜住月亮
晝夜便有用不完的光
歲月也一直在光裏走
　　有好看的樣子
讓有形無形的彈片
　都轉化爲剛性的岩層
　　柔性的葉片花瓣
將畫面與結構重新組合
把坦克車與垃圾車
通通換成遊覽車
　在風景裏開

大都市兩排建築夾住的
　是一條花街
大峽谷兩邊岩壁夾住的
　也是一條花街

管它走來紅男綠女
　　紅花綠葉
都一同走回自然
　　給原始看

五

大峽谷　爲裸出眞象
你撕開胸　挖出心來
　　給天看地看
當你開口說愛
那濶長的嘴
如果都吻遍
那將是世界上
最長的一條愛河
最遠的一條博愛路
當你開口說痛
所有無形有形的

大小傷口
都跑來
也說不盡
最後都說成
亨利摩爾雕刀下
一個個奔馳在旅途上的
車窗（註四）

六

大峽谷
倘若你是世界上
最大的掩埋廠與焚化爐
埋下去的也只是感性的抒情河道
理性思維的岩層紋路
將世界焚化　冒出來的
也只是雲霧
不是濃煙

過後　仍是明麗的風景
　藍藍的天空
　　從不汚染

卽使在風雨交加的動盪時刻
一切失去方向感
風歪雨斜
眼看周圍
　跟着倒的籬笆
你仍以岩層堅忍的斜面
　　忍過去
留下一塊最美的滑板
　給脚站不穩的世界
　　滑落

七

大峽谷

深藏不露而露
你不是僞裝的陷阱
而是深層世界的坦誠
凡是危崖絕壁
都預先告訴眼睛
走近脚下也響起警鈴
安全率較身邊的隨從還高
至於驚險與驚奇
那是開在谷底
　兩朵最美的花
要站到崖邊
　才能看見
若懼高怕深
便跟隨導遊與遊客
在安全距離裏走
照着旅遊的平面圖
　定好的路線

走回市區
擠入購物中心
穿越誰也不認識誰的人潮
去找自己的旅館
關在房裏
平躺下來
底下也是一個大峽谷
不到半尺深
埋了不少人

八

行程來與去
世界一直在旅遊
鐘擺間　有走動的橋
兩腿間　有走動的橋
世紀末也是一座走動的橋
吊在現代與後現代之間

邊走邊搖
邊搖邊幌

大峽谷　你呢
把整座天空架牢在兩崖間
有人說
它是一座空橋
沒有人走
有人說
看得見看不見的
上下左右都在走
其實　它是壓克力屋頂
把世界罩在透明裏
裸開來看
看人
拉
着
都市

拉
着
田園
拉
着
荒野
在茫茫裡走

九

沿着深度走下去
順着高度走上來
大峽谷你垂直的視線
同地球的軸直在一起
下端碰到地
上端頂着天
只要跟着地球轉
無數變化的圓面

便在時空的縱向與橫向裏
旋成停不下來的螺旋塔
所有的眼睛都在塔上
　看前進中的永恒
　　往那裡走

一九九三年九月廿日

【註一】惠特曼是西方（美國）一位極粗獷與具生命强大原力的詩人
【註二】柳宗元是東方（中國）一位孤高的詩人寫過「獨釣寒江雪」這句詩
【註三】大峽谷深度，高過四個帝國大厦
【註四】亨利摩爾是國際藝術大師，他不少作品，都是透過意象將傷口在雕刀下轉化爲瞭望生命與風景的窗口。

【附記】八十一年八月間同蓉子赴美國參加愛荷華大學舉辦的國際作家交流會議，爲期三個月。曾於十月十四日與蓉子坐機從愛荷華，飛越密蘇里州、堪薩斯州、科羅拉多州與亞利桑那州，在內華達州的拉斯維加賭城降落，參加小型旅行團，參觀雄偉無比的大峽谷，有感而寫此詩。

一直躺在血裏的「麥堅利堡」

——二十九年後，我與風與雨
又來看你！

一

麥堅利堡
戰火有沒有在海底熄滅
又要你跑到波斯灣去打聽
而死亡在這裏　却一直沒有死
風雨中的天空　暗成一塊黑板
你用數不盡的十字架
寫下那麼多加號
究竟要把世界加到那裏去
砲彈炸彈加上血　等於死亡

砲聲哭聲加上嘶喊　等於死亡
祈求哀禱加上安息　等於死亡
史密斯威廉斯加上喬治　都等於死亡
只有揷在風雨中的星條旗旗桿
是唯一劃在空中的一個減號
能不能減去滿天的愁容
　滿地的凋零
問風　風淒
問雨　雨苦
問沉睡在石碑上的一排排不朽
　它連看都不看
要不是來旅遊的摩登女郎
把紅嘴唇紅指甲與紅寶石
　紅到太平洋海底裏去
誰會想起
那七萬條被炸彈炸碎的生命
　在海底用血釀造着

　　槍口炮口傷口喝不盡的紅葡萄酒
既然自粉盒中白出來的臉
　　已白過了十字架
從快速攝影機中
　　取出來的那部歷史
　　也只當作旅遊風景看
麥堅利堡　還有什麼能超過
　　這裏的遊與
當飛機與遊輪不斷運著假期
　　從太平洋的海上經過
有沒有人問　你在海底
　　什麼時候收假

二

滿目白茫茫的十字花
在風雨中開
　　越開越白

越白越茫
再多的照相機
也收割不了
即使收割下來
也沒有地方放
禮拜堂　已放有百合花
夜總會　已放有夜來香
安理會代表們的胸前　已揷有紅玫瑰
殯儀館的門前　　已放滿白菊花
而一直躺在血裏的麥堅利堡
你只是一片白茫茫死不了的死亡
　一盆開在時空之外的盆景
要放　只能放在上帝的窗口

一九九一年八月

【註】七十九年八月下旬應一個相當具有構想的文化傳播機構邀請，隨同他們的TV拍攝小組，專程飛往馬尼拉拍攝本人於二十多年前寫的那首〈麥堅利堡〉詩中的「麥堅利堡」現場景觀，我並在現場朗誦此詩。在拍攝的幾天中，正面臨颱風，拍攝工作有時遇上風雨，相當感人，故又動筆寫了這首重見「麥堅利堡」的詩。

後現代A管道

後現代　嬉皮笑臉
跟著緊繃著臉的現代
走過來
把往上看的眼睛
向下看
世界變矮
偶像倒在地上

●

將皇冠與古羅馬的圓頂
往大廈的頭上戴
把壓克力透明屋頂與天頂
頂在一起

開賓士到鄉下
帶田園的大樹到高樓裏來
與都市相會（註）
穿一雙「雅皮」「優皮」皮鞋
踩整座城進豪華地毯
拖一雙拖泥帶水的拖鞋
拖整座城進大街小巷
方向該往那裏走
只要是路
都可四面八方
混進來
一起走
方向該往那裏流
看向低處流的地下水
只要是水
都可持不同的水質
混進來

　　一起流
方向該往那裏叫
看向大衆叫賣的擴音器
　　只要是攤位
　都可拿不同的貨色
　　混進來
　一起叫
方向該往那裏休息
那要看它累成什麼樣子
　煙灰缸空酒瓶
　休閒中心與教堂
　　都是好地方

●

在三百六十度開放的時間廣場上
有人走進新東陽老大昌
有人衝入麥當勞肯德基
有人將咖啡倒進龍井

有人將檸檬擠進牛乳
有人舉左手舉右手
有人左右手一起舉
有人抱股市的屁股
有人抱女人的屁股
有人抱文章的八股
有人將文化裸成她的胴體
有人把崇高
　聳立在女人的乳峯上
有人把酒瓶玉腿與槍支
　當作天堂的支柱
有人用一堆銅與水泥
　堆成永恆

只要你高興
一切都由你
價值由你定
歲月由你選

世界任你抱

【註】「現代啓示錄」餐廳建築，是臺北市極具後現代裝置藝術的造型觀念，不但屋頂透明；更不可思議是將一棵古老的大樹種在屋內，使都市與田園的景象，呈現在同一個造型空間內，彼此對話。

一九九〇年四月

長在「後現代」背後的一顆黑痣

在英雄與命運交響樂中
尼采沿著地球的直軸
向天頂爬
　圖以自己的心　對換宇宙的心
　　同永恆簽約

千萬隻眼睛
仰視他一個世紀
看累了　從高空下來
世界平躺在地上
連隆乳器也抽掉
天地相望　誰都不高
却苦了飛不起來的天空
反正飛與跑與行
　都是走

走到那　都有你的
博士與名星攜手走進熱門
歌星與莫扎特同進一間錄音室
詩人與師爺同坐一張書桌
五毛四毛長在毛姆的額上
　根在培根的頭上
燕尾服穿上牛仔褲
啤酒屋與靈糧堂各吃各的
大廈在指壓粉壓下動不了
A主編暗設精神馬殺雞
B作者上下身都爽
反正上流下流一起流
　溝水海水都是水
清不出來的　都進入陰溝
走不出來的　都擠進黃燈
將東南西北在方向盤裏
　炒成一盤雜碎

一九九一年十月

「世紀末」病在都市裏

先是銅從銅像裏走回五金行
　夢娜麗莎嘴上畫上鬍子
然後是上帝問自己從那裏來
最後是鞋問路
　　路問方向
方向問進了一盞快熄滅的燈
　　　　　　關上門來睡
　　　　　　　等天亮
過去的過去的過去　呼呼大睡
未來的未來的未來　呼呼大睡
現在　　夾在中間　　睡不著
　　　　　　便蹓跑出去
直跟著失眠的都市

一起抽煙喝酒
一起看裸體畫
一起卡拉ＯＫ
一起張大眼睛
倒在興奮劑與安眠藥裏
翻來覆去

一條不帶岸的船
飄航在起伏的海上

一九九一年十月

古典的悲情故事

休閒中心到不了文化中心
天橋到不了鵲橋楓橋
證券行到不了桃源行琵琶行
卡拉OK到不了坐看雲起時
塞車的街口到不了
　萬徑人蹤滅
他找路　路也在十字路口找他
他看錶　錶不知是什麼時候停的
他找自己　上半身往上跑
　　　　　下半身向下跑
跑來跑去
他總是有意無意
　　穿著唐裝　跑進歐洲牛排舘

套上西裝　跑進王老吉茶藝館
吃吃喝喝之後
看一輛輛賓士
　擦亮一排玻璃大厦而過
他正好加快脚步在紅磚人行道上
前些日子　一架七四七巨無霸
曾載他與空中厨房
　爬上三萬呎高空的另一座玻璃大厦
　　　　　　　　　　去進餐

他不知該點嫦娥奔月
　還是太空船奔日
一陣陣突來的亂流
使他在空中失去平衡
嘔吐之後
他便昏頭轉向的跌進
　山山水水的自然
林林總總的都市

將身體留在城裏享用
把腦袋改裝成假古董店
好去古玩那模擬式的空靈
且夾帶一些文人身邊的文墨
好回去找八大的筆筒
穿杜甫的舊鞋
戴李白的舊帽
酌飲他們杯中的殘酒
不也醉成那忘我的樣子
沾上一點歷史與永恒
那眞的連酒也想不到
只是國際牌冰箱裏的
一瓶舒跑
便潑醒他在廿萬臺幣一坪的
豪華公寓裏
望著畫在地毯與磁磚上的山水
看著盆景裏小小的自然

坐對窗外不斷向空中旋上去的
　　一幢幢高樓
他忽然發覺自己
　只是仿造在都市公園裏的
　　一座陶然亭
　環繞著假山假水
給都市的假日看

一九九二年四月

帶著世紀末跑的麥可傑克遜

一

都市在物化的城中癱瘓
　在機械的噪音中失聽
要不是你又跳又叫的跑來
給它打一針
　　怎會那麼爽
　一下亢奮了起來
那也是一種藥物反應
　另一種形式的作愛
　　在盲戀中
在官能的原鄉

世界上半身　空靜
下半身　動盪

你的尖叫
刺入都市空瘦的心
空洞的陰部
壓不住的宣洩與顛狂
是爆開來的啤酒廠
整座城不醉不瘋才怪

二

你是動作的全能
千萬隻手的動力
在你的手裏
千萬條腿的腿力
在你的脚中
要翻天覆地

要把觀衆拋上天
　　丟下海
只要你開口
千萬顆心　都甘心
千萬種情　都情願

你口一開
除了歡呼
再大的聲音都退後
你手一舉
整座城在空中搖擺
你脚一踢
都市是一隻球
你追趕過來
世界都空出來
　給你大叫大喊
看你把美麗的世紀末

釘在千萬眼睛的看板上
　給最賣點的新聞看

今夜
電視臺最後播出
世界上最大的音爆
連續發生在各地的廣場
世界上最靜的地方
　是坐在山水與古玉中的故宮
　　抱著交響樂沈睡的維也納城

一九九三年九月

據說後現代是一隻狐狸

那不是溜冰場
也不是幼稚園裏的滑板
它走過的
　明明是翠綠的草地
你跟着走
脚下竟是滿地的青苔
　　　一路跌交
你追它
　路外有路
　洞裏有洞
除非能抓住流星的尾巴
據說後現代就是一隻狐狸

同新人類正在玩
新的捉迷藏遊戲

一九九三年九月

主！阿門　平安夜

哈利路亞　主阿門
平安夜
最不安的
　是滿街車輛
　　一路叫著向餐廳定位的腸胃
安不下來的
　是廚房的爐火
　　呼叫在鐵板上的牛羣
　　紛飛在刀叉下的火鷄
哈利路亞　主阿門
管他的聖餐與聖誕大餐
　　　用什麼作料
　　伯利恒離打胎婦科醫院

有多遠
上帝是否已到了禮拜堂
警察會不會揮出警棒

反正今晚
最OK的　還是卡拉OK
最V的　還是MTV
最溫暖的　還是三溫暖
最水性的　還是舞池
最繽紛的　還是香檳
最體貼的　還是身體
最高峯的　還是乳峯
不是聖母峯

一九九一年二月

【註】上帝是知道的，世人常利用「形而上」的節慶，來進行「形而下」的享樂活動（寫於一九九〇年聖誕夜）

子彈・炮彈・主！阿門

一羣子彈與炮彈
　從傷口不停說出
　　上帝聽不進去
　　　也不愛聽的話
傳到聯合國安理會
該說的　繼續說
不該說的　便停下來
停不下來的
便繼續由傷口
　以對話的方式來說
　　　上帝不愛聽
　　　人不能不聽
聽到大家無話可說

便留下一排十字架
墳碑與
紀念牌
站在風聲雨聲與落葉聲中
繼續聽
聽到土地都昏睡過去
歷史醒不過來
最後總算聽到
遠遠傳來一聲
主！阿門

一九九一年一月

文化空間系列

1. 三座名山

自從大自然的山水
交給大廈的盆景收養
人們一早打開鋁窗
悠然見不到「南山」
便趕往證券行
爭先擁後
搶著看「金山」
一回首
背後是跟著槍聲過來的
「長白山」

2.「雪」與「魚」的對話

故宮坐在外雙溪
　獨釣寒江雪
一大羣人湧進海鮮店
　　蜀魚館
大叫清蒸尼羅河紅魚
　一魚三吃
管它長河落日圓不圓
魚鍋早就圓在火上
當文化被筷子速寫成消化
空靈便跟著乾後的酒杯
　　倒轉過來
　　　成爲靈空

那裏來的無聲勝有聲
在猜拳的大吼大叫中
那裏來的空谷之音

在1號唏哩嘩啦的
抽水馬桶聲裏

一九九〇年七月

窗的世界

窗是大自然的畫框
　也是飛在風景中的鳥

窗在田園　自動裝上遠距離廣角鏡頭
窗在都市　越來越近視
窗在遠方　鳥飛出翅膀
窗舒暢快活時　千山萬水不回首
窗被關發怒時　炮彈洞穿過層層厚牆
窗孤獨無聊時　一面擦亮寂寞的鏡子
窗閤目沉靜時　一口深山裏的古井
　附近有人在打坐

一九九一年一月

先看爲快

黎明用一塊發亮的
　玻璃窗
　圈住我

周圍的黑暗
站在旁邊看
不一會
光衝進來
將我叫出窗外

太陽剛起床
其他的床仍在睡
　愛在睡
　情在睡

都市在睡
世界在睡
尚未啓用的天空
是一幅不沾筆墨的禪畫
太陽蓋下第一個圓印
叫我先看爲快

一九九一年一月

燈屋不同的設計

燈屋設計在
　沒有圍牆的光裏
不必爬樓梯　坐電梯
再高　一看就到

不像帝國大厦
爬到一百層
仍出不了四面牆
要再高上去
頂樓的露臺
牆是沒有了
如果被天空抓去
自己不是鳥

掉下去連聲音都聽不見
好在四週還有欄干
爲了安全
退一步想
就站在那裏不動
變成一座銅像
縱使沒有翅膀
也好些

一九九三年六月

螺絲刀

站在酒的尖端
　火的尖端
　劍的尖端
　翼的尖端
　風的尖端
　山的尖端
三角形的尖端
你不停地旋轉
將圓圓的鐘面
　圓圓的地球
一圈圈旋轉成
　能忘形
能焚燒

能穿越
能飛昇
能飄逸
能打坐
能頂立
的

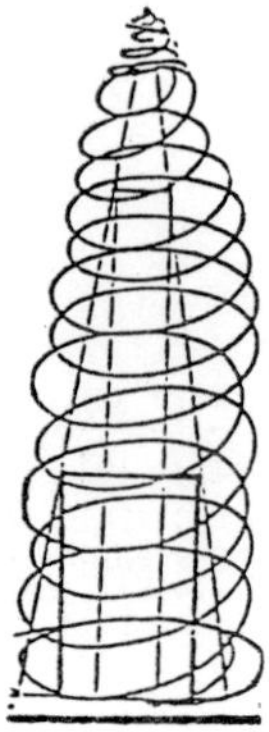

一把不停地旋轉在
鐘錶雙手中的
螺絲刀

一九九三年七月

一個美麗的形而上

飛離地面
飛越雲層
一個美麗的形而上
便到了三萬呎高空
飛機已是一座眞的
　　空中樓閣
造在無物可及的
　　　空濶裏

有什麼不好
人坐機內
世界坐機外
單純的對話

透明的相望
忘我是最長
最遠
最廣
最暢通
的
航
路

千山萬水
千景萬象
都往天地線的一字裏跑
跑空了世界
方把眼睛放回來
雲山雲海
幻境已湧現成形
塑造成象

雲上　什麼也沒有
有　也在沒有中
雲下　只留下煙囪
炮管
十字架
構成歲月的鐵三角
都市與田園也只是兩輛
被飛機牽着跑的玩具車
不能鬆手
手一鬆　世界便輕過雲
下不來了

一路上
機翼有時也會弄痛遠方
與記憶
能靠過來的　也只有
那早已光化成詩與藝術的燈屋

和妳將自己用虔誠與祥和
　揉造成的那座禮拜堂
其他是一片空白　便留給天空
這樣就夠了　也很好
配合宇宙藍色的玻璃大厦
不就成了三位一體
最好是什麼也不問
永恆　它如果要來
　自己會來

一九九二年七月

【註】五月間，分別飛往泰國與菲律賓講詩，來回途中總要飛經三萬呎什麼也沒有的地方——宇宙藍色的玻璃大厦，遠離各種謊言與「槍聲」爭吵的「地盤」，進入「單純」與「透明」，實在有了深一層的體悟與感知。眞是一切在言中；也在不言中，而記起詩人梵樂希的話：「詩是悟的盛典」，那便不能不悟了！

海誓山盟

山不在身邊
海動來動去
那裏來的依靠
海不在身邊
山晝夜能與誰
一直攜着手在走

海與山不在一起
叫大自然站在什麼地方
　　去仰視與遠視
叫世界如何
　　去睡與醒

一九九一年十月

囘首

一

歲月如何回首
問山　山問海
海追着浪
直問到天邊
什麼也問不出來
爲了遙望
留下遠方
爲了繼續連繫
　留下天地線

二

要歲月回首
除非叫山走動
　海停下來
讓沉睡的岸層
　都醒成波浪
　發出金屬聲
叫另一個海從山裏走出來
天空重新張開眼睛
才會發覺走在風雨中
　走得最堅苦的
不是一面走一面怒吼的海
　而是沉默無言的山

一九九二年二月

誰能買下那條天地線

將日月星辰與燈
照來照去的光線
都拉過來
將汽車輪船與飛機
跑來跑去的航線
都拉過
將畫家手中
畫來畫去的曲線直線
都拉過來
將大家眼睛
看來看去的視線
都拉過來
拉在一起

到最後
也只留下那條茫茫的天地線
　　牽着天　拉着地
　　　在走

一九九二年一月

【註】記得有一次我與一羣名畫家在畫廊聊天，曾半開玩笑半認眞的說：「你們從小畫到老，究竟畫了多少線條，好累！由於地景藝術的興起，我乾脆請「詩」替你們向造物申請買下那條「天地線」，便省事得多了……」。

死亡一直這麼說

曾祖父前　數不清的曾祖父
　　　　一個比一個遠
　　　　一個比一個茫
眼睛總是順着迷茫
　　　　渺茫
　　　　空茫
　　一直茫下去
卽使用戶口名簿
　　　祖宗牌
　　　紀念碑
　　　與墳碑
　留住那個名字
那也只是一聲感歎

在聽
一個漠遠
在看

一九九一年七月

永恆在都市是什麼樣子

從廣場的銅像旁經過
人們埋頭看早報的
股票行情與金價
　　銅論斤
　　金論兩

走出紀念館
人們的眼睛
一路被街上的
　　餐館
　　茶館
　　咖啡館
　　酒館
　　賓館

看
守

傳教的牧師說
禮拜堂有一個窗口
可看到天堂
他們卻堅持在床上
找另一個洞口
看永恆

一九九一年八月

看時間一個人在跑

地球在太空裏跑
火車在地球裏跑
我們坐在火車裏不動
　看風景在車外跑
跑到速度倒轉過頭
　　來跑
風景便停下來
　看車裏的我們在跑
火車便停下來
　看地球在跑
地球便停下來
　看太空在跑
太空便停下來
　看時間一個人在跑

不能再大的三明治

天空的遼闊　虛
大海的遼闊　實
大海的遼闊　動
天空的遼闊　靜
在虛實動靜之間
遊客無論是浪　湧進來
　是雲　遊進去
都將被天空與大海
夾成那塊不能再大的三明治
給太陽坐在大自然的風景裏
　　邊吃邊看

一九九一年七月

【註】此詩是同雕塑家何恆雄教授與厦門大學俞兆平教授往遊濱海公路，坐在海邊，看海與來往的遊客，當時寫的速寫。

都市的變奏曲

深夜
吃喝玩樂過後的都市
從燈火通明的大街
走回冷暗的巷弄
被國術館與語文學會
兩塊直闖過來的舊招牌
攔路追問
少林寺與故宮
往那裏走
都市全身累得只想睡
什麼也記不起來
將手搖搖晃晃直指着
正在播放武俠片與薪火相傳的
電視台

一九九二年四月

中秋節的異象

中秋節
月亮是從天空裏
唯一出爐的一個月餅
吃了幾千年
仍圓在那裏
圓給團圓看
圓給破鏡重圓看
圓給無缺的圓滿看
圓給圓看

至於千萬個照月亮複製的月餅
進入牙門之後
一個個都不見了

隨着唱完的月光曲
便消失在列隊買漢堡的人潮裏

今夜
抬頭望明月
低頭得小心車禍
自從嫦娥奔月
搭太空船出走
想像一直找不到她
月亮只是用光塑造的一幢空屋
ARMSTRONG進去又出來
那個浪漫多情的故事
便很少有人說了

一九九一年九月

舊曆年印象

放年假的都市
　關上店門
留下大街小巷
　張開暢通的喉管
　　大唱空城計

放年假的田野
靜坐在穀倉裏
等著年
走進貼滿春聯的門戶
　　來報喜

年吃過年夜飯

圍著十錦果盤
團圓
守歲
一大早被鞭炮聲叫醒
先用年糕黏住甜甜的歲月
將大吉大利包入紅包
然後把成語字典中所有的成語
都改成恭喜發財
萬事如意
輸入電腦
見人就說

一九九二年二月

球賽系列

1. 球賽用看的

打高爾夫球
把藍天碧野與球
都打到洞裏去
團圓在一起
打保齡球
把東西德的圍牆與
鐵欄干
全推倒
打乒乓球
打來一場聯合國的乒乓外交
你攻我守

我擊你打

打網球
　打出一場宮庭式的比劍
　　死來活去
　　劍劍驚心

打棒球
　一棒把球場打出去
　　打回一個美麗的
　　四方城

打籃球
　把落日一個個
　　摘到籃裏來

打足球
　把地球一腳
　　踢進宇宙的大門

2. 球賽用聽的

高爾夫球是嘹亮越野的法國號
保齡球是一座多弦的豎琴
乒乓球是一把來回拉的二胡
網球是小提琴鋼琴二重奏
棒球是敲打樂
籃球是室內樂
足球是交響樂

一九九一年一月

郵差

綠色與春天與希望
　一直有連線
你們在陽光與風雨中
奔走成一棵棵綠樹
　很快被春天與希望
　　認出來

一路打開來的世界
　　是創世紀
　　是末日
你們都守信　閉口不說
它再金碧輝煌　天昏地黑
你們仍是那一身綠

同春天
同希望
一直保持連線

一九九二年三月

香港腳

香港
是一隻倒進各種品牌香水的
　　　　洗腳盆
從各地癢過來的腳
都泡在盆裏止癢
癢也有路可尋
一條坐渡輪到
　　澳門賽馬場與賭場
一條看報找銀行股市
一條摸進痲將館
一條逛入百貨公司
　　　　中藥舖
　　　　土產店

　　茶樓與
　　粵菜館
然後將盆裏的脚一拔
繞着淺水灣與機頭
　　彎回去
如果脚還在癢
那是眞的香港脚了

一九九三年十月

【註】：到香港去旅遊與購物的旅客特別多，則到香港去的脚，當然也多。由於後現代的解構意識，令人討厭的「香港脚」也可視時機入詩了。

火山

困在黑暗與陰鬱中的大地
再也忍不住
有話要說
它是大地之嘴
怎能不張口
口一張
便怒火沖天
將那個壓抑不住的世界
全說出來
說給光看

一九九二年五月

藝師大師——米羅

米羅　是你帶著萬物
　　回到純純樸樸
　　　自自由由
　　　　原原本本
沒有你
空間從那裏去看起點
時間到那裏去聽回音
生命如何認出自己來

你的線條
將世界放得好高
　好遠
一路看不見紅綠燈

槍彈砲彈也追不上來
再過去
是無限
再過去
是永遠

你的色彩
紅透了太陽
綠透了原野
藍透了天空
都是從自己那裏
　　美出來
美入大自然的臉
美入宇宙的眼睛
最後　都美回原來

你的造型

造起一個個開心果園
　一個個玩具國
一個個說童話的夢境
只同生命定合同
與原始簽約
最後　統統交給永恒

一九九一年十一月

【註】「米羅」大展，吸引千萬的觀衆，盛況空前。本人因應市立美術館邀請，做一場有關米羅的專題演講，便深入探索他創作的內涵世界，不但發現他藝術上的偉大成就，而且他的思想與心境，也較尼采感人：因爲他已超越了尼采的悲劇精神。

跟著詩與藝術走

詩與藝術
逼他要回所有的時間
交由它保管
他也回到自己那裏去
　　　　誰都管不了
海闊天空
　　便是這樣來的

遠離那些彎腰駝背的地方
彼此忙著交換空盒子的地方
　　　　最後也不同商行
　　　　　　　　銀行
行在一起

帶著整個自己
跟著詩與藝術走
走到千山鳥飛絕
　雲深不知處
高處不勝寒
　　仍在走
走來時間美的回音
　空間美的瞭望
世界便坐在詩與藝術裏
　等著永恆來

一九九一年七月

另一個睡不着的世界

零時三點
一輛車沿着窗外
將夜一路咬到
　完全沒有聲音的地方
　　丟下來
世界睡得更沉
連最不想睡的卡拉ＯＫ
　都打哈欠關燈了

你却睡不着
在另一個不眠不休的世界裏
因爲夜一直要找光的出口
詩便將你點亮成

一盞燈
放在最接近太陽出來的
山頂上

一九九二年十月

受擊的太陽

——獻給負傷的詩神

擊祂以窗
　以花蕊
　以鳥翅
擊祂以整個海
　整個原野
　整個天空
祂便會無限地開闊與
　　　發光

以鷹鷲之翅編日蝕之書
以蝙蝠之翅編黑夜之書
將藍天倒轉來摺成書面

祂卽使瞎成荷馬
仍聽見那密集的鞋釘
在祂身上磨出的聖樂
仍奉着韓德爾的彌撒亞
成爲禮拜日的鐘聲
使世界跪拜下來

一九七一年一月

你身由己

給摯友—JHON-SY

人在江湖
你身由己
豪情奔放時　便去成江
　　　　　　江水全是酒
緘默寡言時　便凝靜爲湖
　　　要說　讓江去說
　　　　　　讓酒去說
跑遍大江南北
揮盡山色湖光
將天地線當腰帶
你帶着天與地
　　人與酒在走

走來當初
走回原本
自自在在
心隨意去
飄逸的是酒氣
凝重的是義氣
世界再歪
你人直在那裏
歲月看見　我看見

一九九二年一月

【註】JHON SY同我結交近三〇年，他一生不帶「名片」只帶「眞人、眞情與酒」，他是性情中人，有是非感，有義氣，故以此詩贈之

一生想變「白」的李黑

一瓶ＸＯ
站在鑽石燈下
　看他醉
醉來幾道好菜過後
他竟把死在湯裡的魚
　　當作水中月

爬上脂肪浮起的肚峯
他坐電梯下去
既不是黃河之水天上來
手中握住的５５５牌香煙
又直不成大漠上的孤煙
他便大搖大擺　一脚

將長安的石板路
　踢進了地下街
在那種背光的地方
　　老是拐彎抹角
　　　東歪西倒
天色又越來越暗
「李黑」的臉怎能變「白」

一九九一年八月

「丁副官」的身世

在替別人開車門時
　也看自己的出路
在替別人提皮包時
總不忘將自己的皮
　先護著皮包的皮

叫一聲「丁副官」
他回答一聲「有」
有上臺領獎的快活
也有身被出賣之苦

一九九一年六月

用傷口獨飲

——給 U. SAM

餐桌上那杯紅茶與三明治
這簡單的結構與組合
別人看來只是捷便的午餐
他在憂忱的眼神中
三明治竟是彈片夾肉
紅茶仍淌着血
整張桌面與他的臉
突然變成逃亡的荒地
歲月一直定居不下來
路離家越來越遠
他的脚步越來越慢
將苦憶調在茶裏

他用傷口獨飲
望着空茫的窗外
只有 IOWA 的落葉
聽見他的嘆息

一九九二年十一月

【註】U. SAM，是我在美國參加「國際作家交流會，認識的一位流亡作家，他飄泊在美。

愛荷華印象

一

戰爭走過的土地
過重的坦克與砲彈
壓出來的是血淚
文明叫囂的大都市
過重的鋼鐵與建築
壓出來的是冷漠
坐在秋天暖陽中的 IOWA
過重的寧靜與溫和
壓出來的是滿城的
　笑容　牛乳　巧古力糖
　　與婦女們的豐盈（註）

二

在紐約
建築物站起來
將天空與原野吃掉
在 IOWA
大自然站起來
建築物坐下去
　靜靜看地綠過來
　　天藍上去
所有的窗都是飛在風景中的
　　　　　　　　　　　　鳥

三

大都市
越走越快
大自然
越走越慢

有時靜靜坐下來
　　不想走

IOWA
帶著人與都市與自然
走在不快不慢裏
一路快樂的交談。

四

速度的亂箭
將紐約追殺入陰暗的地下鐵
整座城慌張的躲入車箱
　　　　　　　急逃
寧靜的秋景
將 IOWA 亮麗在
　金黃碧綠與楓紅的色境裏
歲月的臉好看多了

（一九九二年十二月）

【註】在 IOWA 城，到處都是福態的胖女人。

「明星咖啡屋」浮沉記

茶在沈思
咖啡在默想
文學在高談
藝術在闊論
時間在筆下奔馳
空間在稿紙上展開
「明星」曾是一輛光的列車
　　坐滿了文學與藝術

自從搖滾樂
連搖帶滾　鬧進臺北街頭
卡拉ＯＫ　一路ＯＫ過來
先是鄰近的「田園音樂廳」

老早停放「田園交響樂」
一羣人迫著從「田園」出走
另一羣人帶著都市衝進來

在玻璃大廈四面反射的光裏
在雜誌封面亮出那麼多
　袒胸露背的女明星中
「明星」只好暗淡下來
冷冷清清　清清冷冷
望著一個個燈下的沈思者
　　　　熄燈離去
　一個個抱著公司行號
　　開燈坐進來
　要談　談股票
要看　看鈔票
至於從茶與咖啡中冲出來的
　　「純文學」與

「現代文學」
只好流落到舊書攤
不聲不響

一九九〇年四月

【註】幾十年來，供作家寫稿、聯天、座談的「明星咖啡屋」與供大家聽古典音樂的「田園咖啡廳」，均是當時文人雅士常去的地方；也是著名的文藝沙龍；且像是飄搖在以往文化空間裏兩個精巧美麗的氣象球，但隨著都市高度發展的物質文明，帶來各種新潮熱門的餐飲室與咖啡廳以及旋風般捲過來的卡拉ＯＫ、ＭＴＶ與許多偏向官能滿足的休閒娛樂場所，它便不能不遭受到沒落與沈淪的厄運。如今，留在大家記憶中，只是一朵淒美的文化鄉愁；一聲感嘆！

浪漫與古典

你是瀟灑的水
吸納整座太陽的熱能
以火的光彩與繽紛
昇華到最高的頂點
　　便凝結成我

我是晶瑩的冰
蘊藏整座太陽的熱量
溶化爲水的溫柔與明麗
　迤邐入無邊的遼濶
　　便流動成你

你握住我的凝結　掌心中有火

我握住你的流動　血管中有河
你我相握
海的心與浪的情
無論是靜是動
　都在一起

無所不在的海

——給林壽宇等超度空間工作羣

海的空間
解構成無數的浪的空間
一波波永不止境的
　　存在與變化
直至世界空靜下來
走出東西南北
一個無邊無際的白色空間
便再度舒放出另一個
　　無所不在的海
此刻　眼球上
　　出現另一個哥倫布

運着空間中的
空間中的
所有空間
在前進的永恒中
航行

【註】國際知名藝術家林壽宇影響下的超度空間藝術工作群，在人類眼球上對視覺空間進行探險，具有哥倫布探險新大陸的精神。我曾爲他們的「異度」與「超度」兩次空間展寫展出畫册序言。

現代藝術的啓航者

——悼前輩藝術家李仲生先生

你曾指引「五月」與「東方」
　　把故宮的兩扇門推開
　　將古老的山水放出來
　　　穿上陽光的新衣

　　你曾帶着他們
　　　走出眼睛
　　流動在河之外　看河
　　波動在海之外　看海
　　飛在鳥之外　看鳥
　　飄在雲之外　看雲

遼濶在天空之外　看世界
　你曾提醒他們
　來回塗抹自然的外形
　畫布會暗成牢房
　　　僵死成停屍間

你曾教他們
用一滴藍
　佔住海與天空
用一滴綠
　佔住山與原野
用一滴紅
　走遍春天去看花
用一滴白
　把世界全空掉
用一滴黑
　叫萬物都睡去

該說的　你都說了
該做的　你都做了
最後你累倒成一顆　落日
平平靜靜的
把光移交給
明天爬昇的太陽

【附註】：中國現代繪畫，在拓展豐盈與滿足這一代中國人視覺的美感生活，所呈現的功能，是可見的，這份成果，李仲生前輩，顯然是被公認的「種樹人」，他的確是中國現代藝術一位可親可敬的啓航者與護航者；他對藝術的意念、狂熱、執着，以及對年輕畫家的愛護與提携，尤其是他終生做為一個嚴肅藝術家的修行與風範，是藝壇朋友所樂道與尊崇的，謹以此詩追念他對中國現代藝術的重大貢獻。又詩中的「五月」與「東方」就是指「五月畫會」與「東方畫會」。

輕快與明麗

給抽象畫家——陳正雄

春天　用他的線條
牽着鳥
牽着流泉
牽着波光漣漪
牽着藍天碧野

他的色彩被春天
用來染山
染水
染樹
染花

春天用明麗換他的色彩
他用線條換春天的輕快

【註】畫家陳正雄善於運用富音樂性的色彩與線條

塑像的舊憶

我們用車
裝上廿年的記憶
倒在你的墳前
爲塑造你的半身像
四面的山圍過來看
風翻着地上的落葉
　一片片在問
都說山空人不在

有人看見你
仍抱住胖胖的詩刊
　從小麵館裏
瘦着出來

而更瘦的是清明節
　山中的風
　山中的雨
　山中的人影

眼睛都在城裏
將像塑在山中
　給誰看呢
如果是靠近公園
讀童詩的小朋友
走過來叫聲覃伯伯
跑過去喊聲覃叔叔
回音會藍過了天空
壓低整座城的喧嘩

將像塑在山中
你是一面堅冷的石境

照山
照水
照自己
什麼都看
什麼都不看

【附記】詩人覃子豪先生，終生爲詩，省吃省用，來辦詩刊，臨終時，仍囑友勿將「藍星」停了。今年是他逝世廿週年。爲他墳前多年未完成的塑像，筆者約請著名雕塑家何恆雄教授前往三峽山中墓地察看，希望能將這座塑像完成，察看回來，有感而作此詩。

青年節

——紀念黃花崗七十二烈士

上帝選中你們
是因爲你們的身體
　也向十字架的位置移動
頭美如天堂的圓頂
血紅如天堂的地毯

頭墮下　七十二個星球
　在祖國的天空裡昇起
血流乾　七十二條河流
　在祖國的原野上奔動
身體倒下　七十二座山

聳立在祖國的大地上

在你們長眠的雙目中
放着兩本聖經
一本「正義」
一本「眞理」
給青年人看
給所有的人看

龍鳳相追隨

余氏是革命烈士彭楚藩之妻，夫婦情深如海，當楚藩被捕，上斷頭台，從容就義，余氏隨他跳樓自盡，與夫永在一起，此情此愛，實在令人廻腸盪氣。

妳的容貌
　是綺麗的江南
哀愁比霧水冷

爲家
妳有不盡的柔情與溫順
爲國
妳的絕美與賢淑
　滲入了感人的憂思
讓愛的淚水

聖潔楚藩手中的劍
甜美楚藩悲壯的心

八月十九日
當楚藩成仁在清兵的血刀下
　頭落成革命圓熟的果實
　　響起歷史的迴聲
妳站在高樓上　看見一條龍
　在夕陽染紅的江水中昇起
　　向妳飛來
妳便了無牽掛向空中跳去
飛成一隻鳳與龍相追
　相隨

塞車的後遺症

經常塞車
　排長龍的上下班時刻
車窗裡的臉
全是停了的鐘
時間在坐牢
沒有表情
刹車死也不讓油門
路走不出去
眼睛天天盯着紅燈發火

早就忘了雲與鳥
是怎麼走的

焦急鬱悶就是這樣來的
心臟病與胃病也是這樣來的
强胃散與强心丸
也是這樣跟着廣告
　上電視的

兩種相連的心情

1

海　從海口出去
在槍炮聲大過浪聲
　飛機嚇跑海鳥的
　　　年代
海便隨着遠天的雲
　　　　飄泊
海　從海口回來
上岸的　是最初的記憶
其他的許許多多
早已海濶天空去
海的性情

本來如此
既不像湖
也不像河
便水連天水連地的
　望着天地開放的
　另一個「海口」
　　看自己來去

2

海的上面
是飄逸與昇華的專用地
除了雲與鳥
那裡去找更好的造型符號
雞　難看與等死在籠中
煙霧　昏暗時間在視線裡

鳥飛　雲遊
過了峯頂
下面是懸崖斷壁
　是高　是低
　都不用管了

要飛多高　問天
要遊多遠　問地
　問不出來
便不問　更好

【註】寫完這詩想起同蓉子參加在美舉行的國際作家交流會，有一位西方作家問我從那裡來，我竟這樣回答他：「我說我從臺灣來、從大陸來、從地球來、從「人」來，從詩與藝術來，從可領到上帝通行證與信用卡的地方來……」這些話，多少使內心得以感通了。

婚禮進行曲

婚禮進行曲
爲愛情開一條黃金大道
　　　鋪着紅毯
愛帶着歡樂在走

紅毯的兩邊
站滿祝賀與祝福
鮮花　彩帶　笑容
　一路繽紛過來
紅毯的後邊
是一部甜密的戀愛史
　　被美麗的回憶
　　一路看回去

紅毯的前邊
　是世界最美的頂點
手攜手
心連心
步上去
說一聲海誓山盟
將印章與吻　都印入誓言
你把天上的太陽
　放進她的指環
她把天上的月亮
　放進你的指環
愛的世界便圓圓滿滿
　　永遠發光

一九九三年十月

羅門年表

1

民國十七年（一九二八年）出生於海南省文昌縣。

民國三十一年（一九四二年）十四歲進空軍幼年學校。

民國三十七年（一九四八年）進杭州筧橋空軍飛行官校，直至三十九年。

民國三十七年（一九四八年）代表空軍足球隊參加在上海舉行的第七屆全國運動會。

民國四十一年（一九五二年）考進民航局工作。

民國四十八年（一九五九年）考試院學辦民般高級技術員考試合格，調任民航局臺北國際機場高級技術員。

民國五十一年（一九六二年）赴菲觀摩民航業務，並接受前菲華文化訪問團團長黎底斯瑪夫人及文藝界人士之餐宴。

民國五十六年（一九六七年）往美國民航失事調查學校研習，並獲奧克立荷馬州州長頒發榮譽公民狀。歸國不久，參加CAT B727型機在林口失事調查工作。派任民航局民航業務發展研究員。

民國六十六年（一九七七年）辭掉所有上班作工，專心從事詩創作。

2

民國四十三年（一九五四年）

□認識女詩人蓉子，開始寫詩。

□發表第一首詩「加力布露斯」，主編紀弦特別以紅字刊登於「現代詩」季刊封底。

民國四十四年（一九五五年）

□與女詩人蓉子結婚，並舉行婚禮朗誦會，由詩壇老友紀弦、彭邦楨、上官予等數位先生朗誦詩人覃子豪、鍾鼎文、彭邦楨、李莎、謝青等寫的婚禮祝賀詩。

民國四十五年（一九五六年）

□調派民航局臺北國際檢場技術部門工作，並接受航空專業訓練。

民國四十六年（一九五七年）

□作品選入大業書店出版的「中國詩選」。

民國四十七年（一九五八年）

□出版「曙光」詩集，分別獲得「藍星」及「詩聯會」等兩項詩獎。

民國四十八年（一九五九年）

□追念樂聖貝多芬，於十二月著手寫「第九日的底流」長詩。

□作品選入文光圖書公司出版的「當代中國名作家選集」。

民國四十九年（一九六〇年）

作品選入余光中教授英譯的「中國新詩選」。

民國五十年（一九六一年）

□一月初完成「第九日的底流」這首顯著不同於過去創作風格的長詩。

民國五十一年（一九六二年）

□赴菲觀摩民航業務，寫成「麥堅利堡」詩。

□同蓉子主編「藍星詩頁」。

民國五十二年（一九六三年）

□出版詩集「第九日的底流」。

□作品選入胡品清教授法譯的「中國新詩選」。

民國五十三年（一九六四年）

□出版論文集「現代人的悲劇精神與現代詩人」。

□同蓉子主論「一九六四年藍星年刊」。

民國五十四年（一九六五年）

□結婚十週年紀念同蓉子環島旅遊，並寫「假期」一詩、並完成二百多行的長詩「死亡之塔」

民國五十五年（一九六六年）

□同蓉子被UPLI譽爲「中國傑出的文學伉儷」，由菲駐華大使劉德樂在大使館舉行頒發菲總統馬可仕金牌獎。

民國五十六年（一九六七年）

□「麥堅利堡」詩獲菲總統馬可仕金牌獎。

□作品選入七十年代詩選。

民國五十七年（一九六八年）

□美亞出版羅門蓉子英文版「日月集」詩選（由榮之穎博士翻譯）。

□擔任文化局舉辦復興文藝營講座。

民國五十八年（一九六九年）

□出版詩集「死亡之塔」。

□出版論文集「心靈訪問記」。

□作品選入創世紀詩社出版的「中國現代詩論集」。

□同蓉子被選派爲中國五人代表團，出席在馬尼拉召開的第一屆世界詩人大會，並被大會譽爲「世界詩人大會傑出文學伉儷」，獲菲總統大綬勳章。

□擔任文化局主辦的復興文藝營詩講座。

民國五十九年（一九七〇年）

□作品選入葉維廉教授英譯的「中國現代詩選」。

□與蓉子被列入在倫敦出版的「世界詩人辭典」。

□「死亡之塔」詩，被圖圖畫會舉辦的同仁出國告別展中，以繪畫、雕塑、音樂、幻燈、舞蹈與詩等綜合演出，爲中國綜合藝術表演之首創。

□擔任文化局辦的復興文藝營詩講座。

民國六十年（一九七一年）

□作品選入榮之穎博士英譯的「中國新詩選」。

□作品選入日文版「華麗島」詩選集。

□同蓉子主編一九七一藍星年刊。

□應聘爲詩宗社首屆全國詩獎評審委員。

□擔任北師心潮社指導老師。

□作品選入仙人掌出版社出版的「一九七〇年詩選」集。

民國六十一年（一九七二年）

□作品選入韓籍許世旭博士等主編的韓文版「世界文學選集（詩部份）」。

□作品選入韓籍李昌培博士主編的韓文版「廿世紀世界詩選」。

□作品選入「中國現代文學大系」（巨人出版社出版）。

□笠詩社仝人以「麥堅利堡」當作名詩予以集體討論。

民國六十二年（一九七三年）

□作品選入正中書局出版的「六十年詩歌選集」。

□與蓉子獲文學榮譽博士。

□應邀往南部做詩的巡廻演講與座談。

□參加在臺北舉行的第二屆世界詩人大會。

□配合第二屆世界詩人大會在臺北舉行，策劃現代詩畫首次在歷史博物館展出。

民國六十三年（一九七四年）

□出版論文集「長期受著審判的人」（環宇出版社出版）。

□作品被介紹於韓籍尹永春教授撰編之韓文版「現代中國文學史」。

□應聘爲吳望堯基金會全國詩獎決審委員。

民國六十四年（一九七五年）

□作品選入國立編譯館英譯的「中國現代文學選集」。

□出版「羅門自選集」。

□擔任大專院校文藝夏令營指導老師及詩講座。

□擔任中國新詩學會常務監事。

民國六十五年（一九六七年）

□作品選入大昇書庫出版的「廿世紀中國現代詩大展」詩選集。

□作品入選巨人出版的「中國現代文學年選」。

□六月間同蓉子出席在美召開的第三屆世界詩人大會，獲大會特別獎與接受大會加冕，接受美國之音記者專訪，並遊覽美國各大城市。

□十一月間，應韓國國際筆會邀請，參加中國現代詩人訪問團訪韓。

□作品選入「八十年詩選」（濂美出版社出版）。

□擔任大專院校文藝夏令營指導老師及詩講座。

民國六十六年（一九七七年）

□作品選入「中國當代十大詩人選集」。

□作品選入文復會選編的「文藝選粹」幼獅文化事業公司出版。

□擔任文協詩歌創作委員會副主任委員。

□擔任大專院校文藝夏令營指導老師及詩講座。

民國六十七年（一九七八年）

□主持成文出版社在耕莘文教院主辦的現代詩座談會，有知名詩人多人主講，聽衆數百人。

□以詩作數篇參加作曲家李常泰的「傳統與展望」在國父紀念館演出，並爲演出寫序文，發表於九月十三日的民生報。

□擔任大專院校文藝夏令營指導老師及詩講授。

□擔任文協詩歌創作委員會副主任委員。

□擔任臺灣大學文學獎詩獎決審委員。

□在龍田出版社出版的三十年來「中國現代文學的回顧」專集中，擔任寫詩部份的專文。

民國六十八年（一九七九年）

□作品選入羅青主編的「小詩三百首」選集。

□作品選入聯亞出版社出版的「當代情詩選」。

□與蓉子參加中國代表團出師韓國召開的第四屆世界詩人大會，代表中國朗誦發表作品「麥堅利堡」。四十多個國家，每一個國定派一位詩人代表。

□擔任大專院校文藝夏令營指導老師及詩講座。

□擔任軍中文藝金像獎決審委員。

□擔任中國文藝協會文藝評論委員會副主任委員。

□師大英語系研討「羅門創作世界」，由林綠與陳慧樺兩位教授主持。

民國六十九年（一九八〇年）

□第五本詩集「曠野」由時報文化出版公司出版。

□作品選入美國 DELORA MEMORIAL FUND 基金會出版的「世界詩選（WORLD ANTHO-LOGY)」。

□作品選入瘂弦主編的「當代中國文學大系」（天視出版公司出版）。

□擔任大專院校文藝夏令營指導老師。

□擔任軍中文藝金像獎決審委員。

□應邀參加民生畫廊舉辦的畢加索座談會，到場有國內著名畫家與藝評家多人。

□臺北醫學院螢星詩社集體討論「羅門作品」

民國七十年（一九八一年）

□作品選入「中國當代新詩大展」。

□應邀參加第五屆全國比較文學會議，發表論文「我與西方文學的關係」，刊登於中外文學。

□與蓉子參加第一屆國際雷射藝術景觀展，以詩、雕塑、音樂與雷射綜合演出，並發表論文於「臺灣新聞報」副刊及中國時報藝術版。

□應邀參加「東方」「五月」畫會廿五年回顧展座談會，並發表論文於民族晚報。

□擔任高雄師院文學獎決審委員。

□擔任新詩學會詩獎決審委員。

□陽光詩社夏季號以三十多頁刊出「羅門與蓉子的詩情世界」專集。

□參加陽光詩社與德華出版社舉辦的「詩與民歌之夜」。

□羅門論文選集「時空的回聲」由德華出版社出版。

□擔任北師（女）文學獎詩獎決審委員。

□應聘爲臺中文化基金會主辦的文學講座，擔任詩講座。

民國七十一年（一九八二年）

□論文選入蕭蕭主編的「現代詩入門」選集（爾雅出版社出版）。

□作品選入爾雅出版的「情詩一百」選集。

□作品選入林明德主編的「中國詩選」（長安出版社出版）。

□作品選入德華出版的「中國當代散文大展」選集。

□以詩配合雕塑家何恒雄的雕塑，碑刻入臺北新生公園，是現代詩首次發表在國家土地上。

□應聘擔任南區大專文藝營詩講座。

□擔任國軍文藝金像獎決審委員。

□擔任中國新詩學會詩歌評論委員會副主任委員。

□擔任中國文協詩歌研習會講座。

□擔任新詩學會詩人節全國詩獎決審委員。
□擔任市政專科學校詩指導老師。
□擔任私立國學院現代詩專題講座一學期。
□擔任成功大學鳳凰樹文學獎決審委員。
□擔任清華大學詩獎決審委員。
□同蓉子飛往澎湖主持當地文藝營。

民國七十二年（一九八三年）

□作品選入爾雅出版社出版的「七十一年詩選」。
□作品選入齊邦媛主編的「中國現代文學選集」（爾雅出版社出版）。
□應邀往東部地區巡廻演講與座談。
□擔任師範大學首屆文學獎決審委員。
□擔任中興大學文學獎決審委員。
□擔任軍中文藝金像獎決審委員。
□擔任國學院現代詩專題講座一學期。
□擔任東海大學文學院與文建會主辦文學研習班講座。
□擔任中國新詩會學詩人節全國詩獎決審委員。
□應邀往輔仁大學外文系週會專題演講。
□應邀擔任中國雷射協會發起人。

□策劃由二十多個文藝團體舉行的「詩人覃子豪逝世廿週年」，並促使覃子豪先生銅像落成。
民國七十三年（一九八四年）
□作品選入爾雅出版的「七十二年詩選」。
□應聘爲全國首屆戶外藝展顧問團副主席，並構想用「藝術造一條路」以帶動觀衆參加，形成即興與行動化藝術的演出。
□應邀擔任文建會與東大文學院主辦之文學研習班講座。
□爲享譽國際名畫家林壽宇第二次展出寫評介序文於目錄畫册。
□「羅門（編年）詩選」由洪範出版社出版。
□擔任臺灣大學「中外文學」首屆詩獎決審委員（其他兩位評審是詩人楊牧及瘂弦）。
□五四文藝節，應中視、應中廣與國家文藝基金會之邀，往高雄文化中心講授現代詩。
□擔任師大文學獎決審委員。
□擔任成功大學詩獎決審委員，並予評審會過後，在該校舉行一場現代詩專題演講。
□五月廿八日到六月二日，應文建會與青年寫作協會邀請參加全國性南部地區的巡廻演講。
□接受香港大學應邀赴港做三場演講，由黃德偉教授接待。並在中大文藝班與余光中、黃維樑主持現代詩座談。香港大學圖書館第一位設置「中國當代詩人羅門資料專櫃」。
□應邀參加國內雕塑家楊英風、何恒雄與尖端科學家胡錦標博士、張榮森博士等所舉辦的國內首屆科藝展，並爲展出寫「光」的主題詩與感言，發表於商工日報。
□擔任軍中文藝金像奬決審委員。

□擔任耕莘文教院文藝創作班詩組導師。

民國七十四年（一九八五年）

□擔任國家文藝獎詩獎評審委員。

□作品選入爾雅出版社出版的「七十三年詩選」。

□以詩人身份，參加由國內著名藝術家楊英風、何恒雄與國家光電尖端科學家張榮森，在臺北市立美術館舉行的首屆雷射藝展。除寫兩首序詩，配合雷射演出，並參加座談會與排有一場專題演講。講題是「追踪美——詩眼中的視覺藝術世界」。

□爲國際知名藝術家林壽宇所領導的國內前衞青年畫家在春之藝廊展出的「超度空間」展目錄畫册寫序言。

□爲國內著名現代畫家莊普畫展目錄畫册寫序言。爲獲臺北市立美術館首屆抽象畫大賽首獎畫家張永村的獲獎作品寫評論文章。

□應臺北市立美術館邀請參加「中國現代繪畫回顧展」籌辦座談會。

□應嘉義市藝術季邀請前往做詩的專題演講。

□應救國團邀請赴中部地區巡廻演講，以及擔任暑期中小學老師文藝營講座。

□應聘爲文建會與國立高雄師範學院主辦的文學研習班詩組講座。

□擔任市立圖書館文藝班詩組講座。

□擔任淡江大學開辦的「藝術欣賞課程」講座。

□擔任中原大學理工學院通識課程「藝術與人生」講座。

□擔任聯合報全國巡廻文藝營詩組講座。

□與蓉子被列入林明暉教授在美出版社的英文版「中國當代詩評論集（ESSAYS ON COMTEMPORARY CHINESE POETRY)」這爲第一本英文版中國當代詩人評論專集，其中評論九位重要詩人。（除羅門蓉子外，尙有紀弦、金光中、周夢蝶、葉維廉、鄭愁予瘂弦與吳旲等）該書係由美國 OHIO 大學出版。

民國七十五年（一九八六年）

□任國家文藝獎評審委員。

□作品選入爾雅出版社出版的「七十四年詩選」。

□作品選入前衞出版社出版的「一九八五年詩選」。

□「時空的回聲」論文集，由傳燈出版社再版。

□應聘擔任中原理工大學「藝術與人生」通識課程講座。

□應邀擔任師大、東吳大學、臺北工專、臺北市立圖書館等現代詩獎決審委員。

□應聘擔任淡江大學「藝術與人生」課程講座。

□應聘擔任文建會與國立高雄師院合辦的「文學研習班」詩講座。

□應邀與雕塑家何恒雄教授、光電科學家張榮森博士爲配合國科會在世貿大樓的光電展示會，學辦詩、雕塑與雷射多元媒體演出。

□擔任詩人余光中新書——「紫荆賦」出版發表會講評人。

□擔任東吳大學與交通大學「文學系列演講」週以及全國大專院校文藝營詩講座。

□名列新聞局委托漢光出版社出版的英文版「中國名人錄」。

民國七十六年（一九八七年）

□作品選入爾雅出版社出版的「七十五年詩選」。

□作品選入張錯教授主編的英文詩選。

□作品選入韓國湖西文學（一九八七年）「中國現代代表詩人五人選」特輯。

□作品選入詩人林燿德主編的首次「中國現代海洋詩選」。

□應聘擔任師範大學、東吳大學、民權商專等文學獎決審委員。

□應聘擔任師範大學文學院與文建會舉辦的文藝創作班講座。

□編列入丁平教授主編的「中國現代文學作家論」，并用做他文藝班的教材。

□東海大學首開的現代詩課程，四年級畢業班六位同學，在學期論文中寫成近四萬字「討論羅門的創作世界」。

□屏東師專十位同學，以「現代詩的守護神」爲題，集體討論羅門的創作世界，寫成一萬餘字的評介文字。

□羅門接受世新電臺的專訪，分四週四次播出，接受「明日世界」與「第一家庭」十一月號的訪問介紹。

□羅門多年前以裝置藝術觀念，將整座「燈屋」生活空間，形成一件藝術作品被視爲一首視覺詩，除國內知名詩人藝術家學者的光臨，國際著名的眼鏡蛇（COBRA）理論家與畫家也曾造訪燈屋。不少報章雜誌曾予以報導。

□應邀與雕塑家楊英風、何恒雄以及雷射藝術張榮森博士前往省立美術館籌備開館舉辦多元化媒體藝術表現。

□應愛力根畫廊及亞洲藝術中心邀請講詩與藝術。

□應邀往淡江大學、逢甲大學、世新以及青協與高雄市政府舉辦的全島性文藝活動等做多次詩的專題演講。

□刊登詩與藝術的「心臟」詩刊十二期以三十餘頁專訪羅門的創作世界。爲配合朱沈多等詩人在高雄文化中心舉行視覺詩展，應邀在朱沈多文藝班演講「詩與視覺藝術」。

□詩人節獲教育部長頒發詩教獎。

□名列一九八六年中華民國年鑑「中國名人錄」（英文版，新聞局委託漢光出版社出版）。

民國七十七年（一九八八年）

□羅門新著「整個世界停止呼吸在起跑線上」由光復出版社出版。

□創作月刊二五四期六月份以二十餘頁專訪羅門與蓉子；以「中國勃朗寧」爲題，並同時介紹英國羅伯特・勃朗寧的部份創作與生活資料。

□第一屆文學鑑賞研習營，於五月十日至十四日舉行，被研討的作家計有詩人楊牧、羅門、林亨泰、林燿德、羅智成、小說家王文興、司馬中原、黃凡、張愛玲、散文家琦君等。羅門並應邀在研習營詩組講演現代詩。

□四月三十日羅門與散文家亮軒赴新竹市演講。

□五月七日羅門與評論家鄭明娳教授，往宜蘭市演講。

□五月十八日羅門應邀往苗栗工專演講。

□臺北評論第五期，林燿德以「第三自然螺旋型世界」訪問詩人羅門。

□六月份羅門的「燈屋」生活空間，曾相繼接受華視、時報週刊、儂儂雜誌的拍影訪問。

□羅門新書出版，接受市政電臺宋英小姐訪問一小時，並由宋小姐朗誦「遙望廣九鐵路」。

□羅門六月十日應高雄社教館舉辦的文藝系列前往講詩。

□五月份羅門與楊昌年教授，詩人瘂弦擔任師大文學獎詩組決審委員。

□羅門繼數年前配合名雕塑家何恒雄教授的雕塑，將「花之手」一詩碑刻入臺北市新生公園，近又以「宇宙大門」一詩，配合獅子會捐助二百五十萬給何教授在臺北市立動物園塑造的巨型雕塑，碑刻在動物園門口（此詩由前文建會主任委員陳奇祿先生書寫），爲羅門詩作也是中國現代詩第二次發表在中國土地上。

□臺北市立美術館七月份開始舉辦一系列的「文學與藝術」講座，按邀請秩序請有詩人羅門、學者林明德、顏焜陽教授、詩人瘂弦、學者黃永武教授等人主講。

□擁有廣大發行網，專報導文藝資訊的「出版眼」雜誌，二十期以封面人物介紹羅門與蓉子。

□臺灣省文藝作家協會分會於七月份舉辦的現代詩創作與發展研討會，羅門除應邀參加林亨泰、林燿德、渡也、孟樊等詩人座談會外，尚排有專題演講。

□新聞局出版的光華雜誌，七月份介紹羅門及其作品。

□最近由高雄市社教館出版的全國人體畫册，分別請詩人羅門、畫家鄭善禧與陳景容兩位教授寫序文。

□爲溶合科技與藝術的功能，羅門應邀參與由名雕塑家楊英風、何恒雄以及光電科學家胡錦標博士、張榮森博士等在九月下旬舉辦光電藝術展。

□羅門論文「架構詩世界的巨柱」被遼寧瀋陽於一九八八年出版的「當代詩歌」轉載。

□羅門應邀往聯合報與聯合文學主辦的文藝營講「現代詩的趨向與未來的發展」。

□爲紀念羅門蓉子結婚三十三週年與蓉子獲得國家文藝獎，殿堂出版社在九月初出版羅門蓉子具紀念性的短詩選集。

□羅門應光復出版社策劃人與臺北評論總編輯羅青之邀，於二月上旬，在贊助作家獎得主的頒獎典禮上致詞。

□羅門爲三月份舉行「三人行」展的三位名畫家劉奇偉、李德與朱沈冬等所出版的畫展畫册寫序言。

□羅門十一月份應邀往世新文學周舉行一場詩與藝術的專題演講；並同詩人余光中、瘂弦、夐虹擔任東吳大學文學獎評審委員。

□目前唯一同時刊登「詩」與「藝術」的刊物——「心臟詩刊」以三十餘頁訪問羅門，談十多個有關詩與藝術的創作觀念與經驗問題。

□詩人林燿德主編的第一套海洋文學選集，詩選集由羅門寫序，小說選集由司馬中原寫序，散文選集由張拓蕪寫序。

□羅門「整個世界停止呼吸在起跑線上」獲七十七年度中國時報新詩推薦獎。

□羅門與詩人林燿德應港大教授黃德偉博士接洽與安排，以純文藝的構想，應邀往大陸、廣州、上海、北京、厦門等著名大學、社會科學院、中國文聯、中國作協、中國現代文學館、港臺文學研究所、詩刊編輯部、上海文論以及大學中文系、中文研究所等學術機構與文藝團體，進行近三十場演講與座談，可說是相當具規模與有收穫的一次大陸詩的文學之旅。

詩人羅門與林燿德在這次大陸詩的文學之旅中，曾看到艾靑、馮至、卞之琳、施蟄存、謝冕、袁可嘉、高瑛、羅洛、晏明以及不少著名學者作家與批評家。

□羅門的著作，在海南島、廣州、上海與北平，已有多位知名學者與評論家在著手研討與寫評論中。

□羅門創作世界，被中國當代文學研究會臺灣文學研究部負責人古繼堂教授以「靜聽那心底的旋律」爲題寫了萬餘字的評介文章，在最後結論中，古繼堂教授說：「從作品看，羅門是臺灣現代派詩人中，最能和現實結合的詩人。他的作品的意義和他的詩的成就，在一般的現代派詩人之上，即使在被稱爲臺灣現代派的十大詩人中，他也名列前茅。羅門寫的大量優秀的城市詩，奠定了他臺灣城市詩人的基礎，爲他贏來了都市詩人的桂冠。也使臺灣有了專門描寫都市的『都市詩』新品種。」

□厦門大學中文系教授俞兆平在「詩歌流派的觀察視角」論文中，評論羅門的作品「流浪人」；又該校臺灣研究所文學研究員徐學教授，在福州十一月間召開的文學研討會上，也在論文中，將羅門的作品「流浪人」提出來討論。

□十月二十四日海南日報以整版刊登羅門七首詩作與羅門小傳，以及由作家鹿翎以「二十世紀末的東方騎士」爲題，寫了將近三千字的評介文章，又該報曾於十月二十與二十五日，以第一版新聞，報導羅門的動態。

□羅門擔任文建會與師大擧辦的文藝創作研習班詩組講座之餘，並於元月上旬應邀擔任該班在石門水庫擧辦的文藝營詩組隨營指導老師。同時在元月初，曾與小說家朱西寧、散文家陳幸惠，應邀擔任大專青年在陽明山擧行的文學之旅指導老師，並與陳幸惠在攝氏十度下冒著風雨與同學們登臨七星山，實踐一次所謂的「行動文學」。

□羅門與蓉子一月下旬應菲華文協邀請赴菲做四場詩的專題演講。第一場蓉子主講「詩的感情世界」：

第二場羅門主講「詩的轉化與造型能力」（兼談詩語言運作的十二種類型與活動空間）（均在菲華商總）；第三場蓉子主講「一首詩的誕生」；第四場羅門主講「詩與藝術的世界」（均在中正學院）四場講演，聽衆相當踴躍。

□羅門、蓉子兩人此次應邀赴菲演講，除接受文藝界友好熱情的款待外。菲華中文報（聯合日報與環球日報）曾三次以第一版新聞，詳加報導他們的消息，並有四次專欄介紹以及多次在各版刊載他們的詩作、詩論、評介與講稿等，可謂是一次相當緊湊和十分愉快的「詩之旅」。

□作品選入爾雅出版社出版的「七十六年詩選」。

□名列一九八八年中華民國年鑑「中國名人錄」。（英文版新聞局委託漢光出版社出版）

民國七十八年（一九八九年）

□羅門第五本論文集「詩眼看世界」，在六月八日詩人節，由師大書苑出版。收集羅門近年來論作三十多篇，厚達四百頁。封面由超度空間前衞畫家張永村設計。

□香港出版的《文學世界》第五期，分別以〈詩壇泰斗——艾青〉與〈現代詩的守護神——羅門〉，製作艾菁與羅門的專輯。

□羅門《詩眼看世界》被列入聯合報學辦的「質」的排行榜；有位讀者購閱該書來信說，只讀該書中「羅門的詩話」就够本了。

□羅門十一月間曾應邀擔任東吳大學文學獎詩項目決審委員；以及擔任臺北市政府教育局學辦詩歌朗誦比賽決審委員；並應邀往實踐專校演講現代詩的創作。

□羅門十一月十九日應邀往高雄代爲頒發《心臟詩刊》社詩獎，並在頒獎典禮上致詞。

□羅門的燈屋——藝術造型空間，曾被詩人張國治以〈詩與燈光的生活空間〉為題，報導於環球日報的「探索」專欄。

□羅門創作世界，被上海工業大學中文教研室主任王振科教授以〈超越與回歸：從心靈到現實——對羅門都市詩的再認識〉與〈寫不盡的鄉愁——讀羅門的思鄉詩〉為題寫了兩篇評論文章。

□羅門詩的創作世界，由大陸學者廣州暨南大學潘亞暾教授，以「向心靈世界掘進」為題，寫了將近六千字的評介論文，發表在二月分的「國文天地」。

□羅門蓉子結婚三十三週年紀念，「心臟詩刊」，以三十頁刊出紀念專輯，其中登有作家素之寫的祝詞以及羅門蓉子的詩作、生活照片以及創作歷程與簡介。

□羅門四月與五月間曾往高雄、左營、雲林等地對愛好文藝的青年，做了三場演講與座談。

□五月二十四日應中山大學外文系與文社邀請到該校做一場詩與藝術的演講，講前由文學院院長余光中教授做簡短介紹，講後由外文系主任蘇其康教授對同學做講後感，接著由羅門回答同學提出的多項問題。

□羅門邀請擔任師大本年度師鐸獎評審委員，其他兩位是楊昌年教授與瘂弦。又星馬文學獎也聘請羅門當評審，其他兩位評審是余光中教授與詩人林燿德。

□羅門元月間，曾應作家聯誼會分會長吳東權邀請進行一場返鄉探親與巡迴演講的心得演講。

□羅門元月分曾應交通大學通識課程策劃主持人張靄珠教授邀請前往該校舉行一場「詩」與「藝術」方面的演講。

□羅門二月十四日曾同林明德教授應邀往文建會學辦的文學研習會，擔任現代詩的研討指導。

□羅門元月下旬曾同鄭明娳教授、簡政珍教核與作家簡貞女士，應邀擔任「詩」與「散文」研習班的研習指導。

□羅門六月中旬曾與散文家亮軒帶領一羣文藝青年往日月潭進行「靜」與「動」的文學之旅，事後多位文友曾專程由臺中到臺北羅門燈屋來做專訪。

□羅門六月間應邀擔任文建會與實踐家專舉辦的文藝研習會詩歌組講座。

□羅門七月間擔任中國新詩學會舉辦的大專詩創作比賽決審委員。

□羅門八月間赴港澳旅遊，應香港詩人協會宴請，於餐會上發表近一小時的「詩」的談話，由丁平先生主持，與會者有十多位文藝人士，會後由羅章蘭女士駛車前往觀海。

□青協與文建會舉辦的第二屆文學鑑賞研習營，詩的研討部分，分別由學者與批評家研討人余光中、羅門、洛夫、瘂弦與白萩的五本詩集。

□市立美術館出版的美術論叢（文學與藝術》，選有羅門的〈藝術家如何抓住美的轉化與造型能力〉，該文爲羅門在市立美術館的演講稿。

□羅門作品「巴士上的悲劇」與蓉子作品「我打季節走過」由榮之穎博士英譯，轉載在意大利出版的「NEW EUROPE（新歐洲）雜誌」第八期，並附有羅門蓉子的生活照片，該雜誌是一本以報導文學藝術科學爲主的刊物。

□國立交通大學三月到五月間舉辦的「文學與社會」系列專題講演，邀請有詩人羅門以及作家王文興、陳映眞、高信疆、李濤、馬以工、楊憲宏、詹宏志等做多面性的講演，聽衆相當踴躍。

□作品選入爾雅出版社出版「七十七年詩選」。

□名列一九八九年中華民國年鑑「中國名人錄」（英文版新聞局委託漢光出版社出版）。

民國七十九年（一九九〇年）

□羅門的新詩集《有一條永遠的路》出版。

□羅門那曾被譽爲現代史詩的經典之作〈時空奏鳴曲——遙望廣九鐵路〉，被安徽文學院院長公劉先生轉載在黑龍江省的《詩林》雜誌。

□中國新詩學會最近舉辦兩次詩的專題研討，第一次由名評論家蔡源煌教授講「晚近詩風的演變」，第二次由詩人羅門講「都市詩的創作世界」。

□羅門六十三年（一九七四年）提出一己的創作理念〈第三自然〉的理論文章，名評論家蔡源煌教授最近曾在詩學研討會論文〈晚近的詩風變化〉中，指它是羅門從個人精神境界所形成一己的創作體系。

□曾任晨光詩社社長現任教實踐專校目前將出國深造的詩人葉立誠，他以〈詩壇五巨柱〉爲題，評介詩人羅門、余光中、楊牧、洛夫與鄭愁予五位詩人。

□國內巨型生活雜誌「新潮《NEW WAYE》元月分十二期，介紹國內外名設計師設計的「燈」型專輯，其中以〈超越時空的光彩空間〉爲題與較大的篇幅，實地介紹羅門「燈屋」詩與藝術生活的造型空間。

□《文學世界》第八期〈名家近作〉專欄，除發表羅門的近作，尚有大陸詩人辛笛、王蒙與沙鷗等三家的作品。

□大陸評論家古清遠教授以〈刻劃都市人生的聖手〉爲題，評介羅門的作品。

□羅門爲名旅行家馬中欣的《黑海歷險》再版暢銷書寫序；爲女詩人白靈的詩集《白衣手記》寫序。

□羅門〈談創作批評的基本論點〉一文轉載在馬來亞出版的《蕉風》四三二期文學刊物。

□羅門十一月間曾應邀擔任東吳大學文學獎詩項自決審委員；以及擔任臺北市政府教育局舉辦詩歌朗誦比賽決審委員；並應邀往實踐專校演講現代詩的創作。

□作品選入爾雅「七十八年詩選」。

□青年寫作協會改選理監事，詩人羅門膺選值年常務監事。

□由女詩人陳敬容主編的《中外現代抒情名詩鑒賞辭典》已在北京出版，臺灣詩人作品入選的有余光中、羅門、蓉子、洛夫、瘂弦、等多家。

□海南省首次出版的《海外瓊人詩選》，共收輯臺灣、香港、新加坡、馬來西亞、泰國、美國、法國、英國等地區瓊籍詩人作家三百多首詩。臺灣部分，選有羅門、林綠、王祿松三位詩人的詩，全集近三百頁。

□羅門四月間，曾應邀往中部舉辦的電影文藝營，主講十部國際名片中的一部「雷恩的女兒」。

□羅門四月間，曾應文協邀請往新竹地區舉辦的大專與社會青年文藝研習會，擔任詩與散文講座。

□海南日報的「世界人物」版，於五月十三日以〈瓊籍臺灣著名詩人——羅門〉爲題，介紹羅門，由海南文聯副主席朱逸輝先生執筆；又海南《詩文學報》主編鄺海星先生在該報以〈意象形變的魅力〉爲題，評介羅門的〈流浪人〉。

□臺北市美術館在二十九期《現代美術專刊》對中國現代畫發展中的「五月」與「東方」兩大畫會，予以歷史性的定位與很高的評價，並特別指出現代詩對現代畫有相當大的影響力，例舉如藍星詩社的余光中與羅門對「五月」的大力支持；創世紀詩社的楚戈、辛鬱與羅馬對「東方」的大力支持。

□羅門八月下旬曾接受一家文化傳播機構，以TV拍攝製作「詩人創作世界」的專輯；並隨同該機構的TV拍攝小組，專程飛往馬尼拉拍攝寫在二十多年前曾獲菲總統金牌詩獎的「麥堅利堡」詩中的「麥堅利堡」現場景觀。

□羅門八月份曾應邀參加卞之琳全集出版，在北京召開的學術研討會，以及在韓國舉行的世界詩人大會，均安排有半小時演講，但因故均未克參加，至於卞之琳先生已出版的個人作品評論選集中，共收有臺灣三位詩人的論文，除羅門外，尚有詩人余光中與洛夫。

□羅門最近應聘擔任文建會與文協舉辦的文學研習會詩班班主任（時間自七月底到十一月，共十八週）。

□羅門應聘爲青協與中時文化出版公司合辦的『八〇年代臺灣文學研討會』詩論文研討會的主持人之一。

□羅門應聘同詩人洛夫與港大黃德偉教授擔任傅家銘基金會舉辦的詩獎評審委員。

□羅門七月底應聘擔任新竹地區舉辦的暑假文藝營講座，講「詩與電影」，並播放電影，加以講評，同時應高雄「藝術茶坊」舉行的文藝系列，邀請南下講「生命美感空間的拓展」；以及八月底擔任聯合文學在成大舉辦的文藝營講座，講「詩的創作經驗」。

□羅門的新詩集「有一條永遠的路」繼去年出版的論文集「詩眼看世界」進入「質」的排行榜之後也於今年列入「質」的排行榜。

□羅門的「燈屋藝術生活造型空間」，於七月、八月，分別由「家居生活」與「薇薇」兩本著名的生活雜誌刊登介紹。

民國八〇年（一九九一年）

□名列「中華民國現代名人錄」（中國傳記中心出版）。

□羅門的詩作「麥堅利堡」，最近在港大由黃德偉教授指導的多位研究生，在班上熱烈的討論。

□羅門一九七四年提出的「第三自然」創作理念，海南大學文學院周偉民院長，最近在他的評論文章中，曾就蘇聯文學家高爾基一九二八年提出的相關「第三自然」觀點與大陸公木一九八一年提出的「第三自然」觀點，三者分別作了扼要的闡述與評介。

□羅門以都市文明爲主題的詩作，大陸古遠清教授寫了一篇『都市人深重孤寂感的生動展示——羅門三首詩賞析』的評文。

□羅門十一月間，曾應邀同吳宏一教授，詩人林亨泰擔任東吳大學雙溪文學獎評審委員。

□羅門「燈屋」生活造型空間，被『儂儂』大型生活雜誌十一月號採訪報導。

□評介羅門的第一本專論「羅門論」，由師苑出版社二月間出版，該書由名詩人兼批評家林燿德執筆。

□作品選入爾雅「七十九年詩選」。

□「羅門、蓉子創作世界評介」論著，已由文史哲出版社於三月初出版，該書由海南大學文學院院長周偉民與其夫人唐玲玲教授合著，先後化了將近兩年時間。

□羅門於四月二十一日，曾應邀參加中華民國美國文學研究學會主辦的文學會議，在演講系列的詩講題方面，以「後現代可能出現的盲點」爲題，發表二十分鐘的演講，由林耀福教授主持，應邀演講的尚有羅青教授與鍾玲教授。

□羅門四、五月間，曾先後擔任中原理工大學，中山大學師範大學詩獎評審，以及六月初擔任教育部賞助新詩學會舉辦的全國傑出青年詩獎評審。

□羅門曾於四月間，應邀參加由詩人林燿德策劃的「電影營」擔任講座，主講國內名片之一的「恐怖分子」。聽衆相當踴躍，又於五月初，應邀擔任東吳大學文藝社團舉辦的文學系列演講；於五月下旬，曾應邀往丘海學會講詩與現代人生，由會長蘇雲峯教授主持。

□由大陸詩人柳易冰、趙國泰、谷末黃編選的「港澳臺獲獎詩人作品大觀」，先介紹羅門的「流浪人」和蓉子的「爲什麼向我索取形象」。

□羅門將過去寫有關「第三自然」理念的文章，經重新整理成「第三自然螺旋形架構」一文，長達貳萬多字，已收進陳慧樺與張錯兩位教授所彙編的論文集。

□羅門論文「架構詩世界的石柱」，收進鄭明娳教授與詩人林燿德主編的當代文學入門書時「代之風」。

□羅門寫「評介詩人馮至的『十四行集』」，發表於「詩雙月刊」在八月間推出的馮至專輯。評介「艾菁詩的創作世界」一文，也於八月間北京召開的艾菁創作研討會中，由大會請專人宣讀。

□羅門的「麥堅利堡」詩作，海南開發報以特別欄轉載與評介。又大陸汪智教授最近寫了一篇「麥堅利堡」的論文：「悲憤的交響——讀羅門『麥堅利堡』」。

□羅門八月間曾擔任暑期復興文藝營講座，並爲一企業公司與名畫家所製作的生活藝術用具，配了十多首詩；爲名雕塑家何恆雄的雕塑展畫册寫序言；爲名旅行家馬中欣的攝影，配了近三十首詩；爲名畫家陳正雄畫册寫詩序。

□羅門應市立美術館邀請，於米羅大展期間（十月十九日），做一場專題演講，講題是「詩眼看米羅」，聽衆五百餘人，接著於十一月初應輔仁大學應用美術系邀請到該校演講，講題是「以詩與藝術追蹤

『美』」。

□羅門獲得本年度中山獎。

□由當代國內外包括學者、教授、詩人、作家等四十位評論者寫的五十多篇評論羅門的論文，由文史哲出版社結集，在十二月出版，這爲第三本專論羅門的書，厚達五百餘頁，近三十五萬字。

□由青協策畫的「當代臺灣通俗文學研討會」，十月二十七日擧行的「當代文學改編電影之探索」研討會，邀請羅門擔任主持人。

民國八十一年（一九九二年）

□名列「大美百科全書」（中文版，由光復出版社一九九二年出版）。

□「羅門詩選（洪範版）」由某機關團體購買仟餘册。」

□大陸學者汪智教授，以他在「羅門天下」論集中寫評羅門的論文，作爲申請教學升等的證明文件。

□羅門於二月間應邀到設在交通大學的青韻音樂營演講「詩與藝術的互動性」。

□羅門配合名雕塑家何恆雄教授的雕塑作品「智慧鳥」寫的詩，已連同雕塑，碑刻在彰化市區，這爲羅門的詩，第三次發表在土地上。落成典禮，羅門與何教授以貴賓身分參加，有來自日本、韓國香港等扶輪社人士近百人觀禮。

□羅門的「麥堅利堡」一詩，由大陸王春煜教授評介，編選入四川辭書出版社出版的「中國新詩名篇鑒賞辭典」。又羅門詩創作之外從事的論文創作，有古遠淸教授寫的評介文章「具有前衞性與創新性的現代精神意識——評羅門的詩論」，有周偉民教授寫的「羅門的兩個基本創作觀念——『第三自然』與『現代感』」以及兼寫理論的詩人劉菲在國際論壇報副刊發表的感評：「詩之外的羅門」。

□羅門藝術生活空間——燈屋，繼卅多種生活雜誌介紹之後於六月間接受「EPA環境雜誌」專訪。

□於今年五月在曼谷成立的「泰華文藝作家協會」，是第一個被泰國政府正式批准，合法公開成立的華僑文藝社團。羅門、蓉子應大會之邀專程前往作專題演講，並以貴賓身分參加當晚的聯歡餐會，到有會員與來賓近兩百人，情況十分熱烈。

□羅門五月底擔任由青協與千島詩社在馬尼拉舉辦的文藝營詩講座。

□羅門六月間與邱燮友教授、詩人白靈擔任師大師鐸獎評審委員。

□羅門評介詩人馮至的十四行詩的創作世界，長達六千字，發表六月號幼獅文藝。

□藍星《屈原》詩獎頒獎典禮於本年詩人節（六月五日）舉行。由本刊發行人詩人余光中主持，詩人羅門代表全體評委報告評審經過。並由文建會主委郭爲藩先生，臺大校長孫震先生，中央日報社長石永貴先生擔任頒獎人。

□上年度大陸花城出版社以「太陽與月亮」出版羅門蓉子的詩選合集。

□羅門蓉子八月底應邀赴美參加愛荷華大學舉辦的廿多國家國際作家寫作計劃（IOWA　I・W・P）會議，曾擔任論文主講人；參加作品發表會，接受電視訪問。蓉子個人到俄亥俄大學與亞特蘭大大學讀詩與講詩，後又同羅門往水牛城紐約州立大學讀詩談詩。曾參觀農場工廠、不少大城市、以及拉斯維加賭城、尼瓜拉瀑布、大峽谷、密西比比河、芝加哥現代美術館、與世界藏名詩與手稿較多的水牛城詩圖書館，尚接受美中國建會IOWA州分會邀請在新舊會長選舉的盛大晚宴上，發表三十分鐘的演講，是一次相當愉快與有收獲的文藝之旅，並獲得IOWA大學頒贈IWP榮譽研究員證書。

□羅門同蓉子十二月上旬自美返國，於廿六日擔任青協主辦的「當代臺灣女性研討會」的一場主持人。

□作品選入爾雅「八十年詩選」。

民國八十二年（一九九三年）

□八月間海南大學學辦「羅門蓉子文學創作世界」學術研討會（八月五日——八月十一日），來自美國、臺灣、香港、星馬、及大陸北京、上海、南京、廣州、厦門、武漢、安徽等地學者作家共五十餘人，提出研究羅門蓉子的論文有三十篇之多，爲大陸學辦海外作家研討會最具規模的一次。

□羅門與蓉子名列「世界華人文化著名文人傳略」。

□「羅門詩選」（大陸版），由北京友誼出版社出版，主編的系列詩選中於七月間出版。

□羅門詩作選入現代詩社主編的「八十一年度詩選」。

□羅門被邀請列入英國劍橋國際傳記中心（ＩＢＣ）出版的第一本「五百位世界名人錄」（將以一頁照片、一千字評介刊出）。

□羅門第一本散文集由文史哲出版社於年底出版。

□羅門新詩集「誰能買下那條天地線」由文史哲出版社於年底出版。